숭어, 그 비릿한

초판1쇄 인쇄 2024년 11월 22일
초판1쇄 발행 2024년 11월 29일

글쓴이 김정임

펴낸이 김희진
펴낸곳 도서출판 Book Manager   **주소** 전주시 완산구 메너구 4길 25-6
전화 (063) 226.4321   **팩스** (063) 226.4330

전자우편 102030@hanmail.net

출판등록 제1998-000007호

ISBN 979-11-94372-06-6
값 12,000원

※ 이 책은 2024년 전북특별자치도문화관광재단의 지원을 받았습니다.

· 잘못된 책은 바꿔드립니다.
· 이 책의 저작권은 저자와 북매니저에 있습니다.
· 작품의 무단 복제 및 전재를 금합니다.

숭어, 그 비릿한

청신 김 정 임

자서

까만 밤하늘 빛나는 별
어둠에 기대어 숨은 보석 찾아가듯
검은 밤하늘에 소리 없이 날아가는 새
흐느적흐느적 흔들림 없는 비행기가 밤을
가르고 있다

찬바람에 목욕한 말간 달빛이
알알이 심어진 시어를 꿰어놓고
달달한 눈빛으로 유혹하는 밤이다

숭어의 눈동자도 별을 따라갈 것 같은 밤

모든 이의 마음에 노크하듯
희망과 사색의 울림으로 다가가길 바라본다.

| 목 차 |

제1부 갓 씨 털린 꽃대궁

봄 소리 13
오래된 정원 14
가을밤·1 16
변산 17
붉은 노을 18
도라지꽃 19
갓 씨 털린 꽃대궁 20
백열등 22
섬·1 24
풀꽃 25
플라타너스 26
가야금 28
질주 30
눈꽃 32
책 33
낙엽·2 34
작업 35
분노조절장애 36
이명 38
겨울 낙엽 40

제2부 봄바람이 사나운 건

가을·9	43
자작나무	44
섬·2	46
진정한 교육	47
감정	48
유리창엔 비	49
봄바람이 사나운 건	50
기다림·1	52
갈증	53
증명	54
제3의 눈	55
눈 오는 날·2	56
찢어진 신발 한 짝	57
향수·2	58
눈·4	60
용수철	61
눈꽃·2	62
파도·1	63
질투	64
상처	65

제3부 숭어, 그 비릿한

이별 연습	69
오월 바람꽃	70
운명	71
이유	72
하루	73
숭어, 그 비릿한	74
가을 담쟁이·1	76
겨울·2	77
어떤 이별	78
시절 연애	79
오리나무	80
두승산의 봄	81
꽃눈	82
설렘	83
아직 가을	84
단풍·2	86
바다에 사는 별	87
홍시	88
물푸레나무	90
국화꽃	91

제4부 장미의 나날

가을 낙엽	95
소쩍새 우는 밤	96
봄봄	97
로키산맥 빙하	98
겨울나무	100
봄비·4	101
늦가을	102
초록으로 피다	103
봄·2	104
눈물·4	105
빈집	106
장미의 나날	107
변덕쟁이	108
떨림	109
추억·2	110
들녘	111
살구꽃	112
자동차	113
꽃물	114
기다림·2	115

| 평설 | 회억의 의미 층위, 그 탐사의 프리즘   116

일러두기

\>는 다음 쪽에서 한 연이 새로 시작한다는 표시임.

제1부

갓 씨 털린 꽃대궁

숭어, 그 비릿한

― 김정임 제3시집 ―

봄 소리

내장호수 앞 조각공원
왁자지껄 꽥꽥 요란한 소동
자그마한 웅덩이 안이 시장통이다

인기척에 놀란 개구리 우르르 뛰어가고
작은 연못에 뭉글뭉글
개구리 알 한가득이다

경칩은 아직 일주일이나 남았는데
겨우내 기다린 봄
조급히 성급하게 그리웠나 보다

작은 꽃 만발하고
쑥은 꼼지락꼼지락 올라오고
나뭇가지 피어나는 물소리마저 속삭이는 봄

붉은 녹슨 철문에 빗장 질러
자물쇠로 걸어놓은
네 마음을 흔드는 봄이다

오래된 정원

수많은 사연들이 엉켜있었다
때로는 비가 오고 폭풍이 몰아치는
<u>으스스</u> 한 어둠으로 늪을 이루다가
태양빛 찬연한 기쁨과 희망이 넘치는 곳

황홀함에 도취된 설렘을 누르지 못해
터질 듯한 육신을 달래 보려고
스테레오 볼륨을 한껏 올리고
음률에 맞춰 날개를 단다

가슴 벅찬 신선함, 기쁨을 감당하려
회초리로 후려치며 억압해 보지만
애드벌룬처럼 부푼 마음은
불을 향해 달려드는 불나방

빗물이 스산함 누르듯
눈물은 가슴 적시며
타오른 불꽃을 억누르고
차디찬 냉기로 잠식되는

＞
눈꽃빙수가 입안에 사르르 녹아들며
마음속 꽂힌 군더더기를 쓸어내리면
고목 위로 피어나는 희망이
하늘 향해 힘찬 태동을 한다

가을밤·1

초가을 밤
짙은 청색 물 든 하늘이 숨 죽이고
어둠을 밝히려 가녀린 초승달
네이비 빛 허공에 걸렸다

굽은 등이 쓸쓸해
더 애처로운 자태로
서쪽 밤하늘을 서성이던
여우 눈썹달

하루하루 불러올 배를 감싸 안고
개밥바라기 별 사이로
아끼며 내디딘 발걸음
굽어진 골목을 돌 듯
순간에 사라져 버린 빛

밤의 적막을 채우고
또 채워도 매워지지 않아
보석인 양 빛나는 은하수 따라
깊어만 가는 가을밤

변산

갯내음 묻어나는
변산반도 해변을 걷는다
층층이 쌓인 돌 틈 사이로
무수한 생명들
치열한 삶을 살아내고 있다
지평선 위로 흐르는 바닷물
한 치의 거스름 없이
유유자적 세월을 낚고 있다
질풍노도의 삶을 살아가는
갈매기는 쉼 없는 날갯짓과
끼룩끼룩 울어대는 소리로
양보 없는 생을 살아내고 있다
칠흑의 어둠 속에
붉은 등대에서 뻗쳐진 불빛은
고귀한 생명의 끈을 드리우고
생과 사의 갈림길
흔들리는 파도 위로
희망의 선율을 만들어낸다

붉은 노을

찌는 폭염 속으로
또 하루가 기울며
햇살이 스멀스멀
허공에 뻗친 구름 물들이고 있다

얼마나 치열한 날을 보냈으면
저리도 아린 노을 만들었을까

핏빛 낭자한 서녘 하늘
파도마저 잠재우고

붉은 바다가
해지는 서산에 걸려
눈물을 흘리고 있다

도라지꽃

한여름 찜통더위를 견디고
퍼플의 신비로 빛나며
억척스러움으로 한없이 퍼주고도
더 주지 못해서 서글픈
누님 같은 꽃

장맛비에
여린 줄기 휘둘리며
중력의 힘 감당하지 못해

쓰러지고 부딪히며
보랏빛을 흔들다가
시든 꽃잎 위로 씨방을 만들어

세상의 이야기를
힘껏 보듬어 안고
사랑의 향기를 뿌리고는
하염없는 기다림에
서글픈 꽃

갓 씨 털린 꽃대궁

초록 철철 넘쳐나는 민들레 꽃밭
밟아도 밟혀도 자리 지키며
넓은 세상 화려한 잔치 열렸다
꽃 진 자리마다 하얗게 핀 결정체
훨훨 여행 떠나려 한다

시멘트 벽돌 사이 모서리까지
아스팔트 금 간 자리 마다하지 않았다
어디든 뿌리내리겠다고
파란波瀾의 삶 펼치듯
꾸욱 내리뻗은 생명줄이다

신록이 춤추는 날
쉬이 가는 줄도 모르고
숨 몰아쉬며 달음질쳤다
계절은 익어 선녀벌레 날아가듯
흐건 갓 씨* 한 올 한 올 흩어지고 있다

\>
희망 품은 씨앗에 염원 담아
구석구석 훌훌 날렸다
꿈틀대던 날들 추억 더듬으며
희멀건 꽃대궁에 자유로운 영혼
섭섭히 흐르는 시간이다

* 민들레 씨앗

백열등

도깨비불 출몰하던 어릴 적
호롱불에 의지해서
캄캄한 어둠을 물리치고
풀무질로 불을 지펴
왕겨와 솔방울로 아궁이를 뎁혔다

검은 연기 내뿜으며
방바닥 구들 타고
매캐한 냄새와 함께
서까래 옆에 발라진
황토 흙을 새까맣게 도배하고

순하고 가난했던 세상에
반짝 번쩍 전기가 들어와
대낮같이 환해졌다
오촉 백열등에 신천지가 된 듯
온동네가 밝아지고 인심은 없어졌다

\>
어둡고 어두운 세상
순박하기만 했던 삶이
번쩍번쩍 휘황함에 삭막해지고
풍요 속 두터운 정 고갈되어
야박하고 몰인정한 사람들이 되었다는

섬·1

우뚝 솟은 섬 아래로
구름처럼 밀려오는 파도
바다는 항상 주인이었고
섬은 이방인

일렁이는 물결에 흘러가는 섬
흐르다가 꺾어진 옆 귀퉁이로
커다란 고난의 파편은 흉터가 되고
힘겨운 세파의 소용돌이가
난타를 가하면

철썩이며 토해내던
갈라진 성대를 움켜쥐고
날카로운 비명을 삭이며

섬은 바다의 질타를 견디고
물 위로 굴절된 태양빛
빛나는 훈장인 양 반짝이는
보석들을 껴안고 있다

풀꽃

어릴 땐 방문만 열고 나서면
널려있던 들풀이
일감이어서 싫기만 했는데
그 하찮은 잡초들
어느 순간 눈앞에 아름다운 풀꽃
가슴에 살랑살랑 독특한 별꽃이 되었다

수많은 잡풀들이 심금을 울리며
가슴을 적시는 꽃이라는 걸
느낄 때쯤
사물을 볼 수 있는 눈은
훌쩍 큰 어른이 되어버렸다는
서글픔이 몰려든다

잡초들이 피운 꽃은
어릴 적 그대로인데
어린 나는 어딜 가고

플라타너스

어릴 적 운동장 구석에 앉아
몽당 크레파스로 교정을 그리고
유화인 듯 덕지덕지 문질러 칠해진
스케치북 위에 플라타너스

봄 한 철
격렬하게 끓어오른 사랑은
폭풍의 언덕을 지나
힘겨운 사랑을 지켜내고
밤새워 내리던 이슬이
흰 서리가 되는 가을이 오면

지쳐 나부끼던 플라타너스 잎 사이로
가녀린 가지 끝에 매달린
굵은 방울들 사랑의 증표가 되어

눈물인 듯
슬픔인 듯
흔들리는 바람 타고 휘돌아 앉으면

\>
불길로 치솟은 플라타너스 잎
데인 상처를 안고
위로의 빛인 양
퇴색된 진갈색 빛 띠 두르고 앉아
하늘을 거울삼아 비추어진
자화상의 그림자로 흩어지고 있네

가야금

묵직하고 둔탁하게
배를 내민 가야금
가녀린 손끝에 짓눌린 열두 줄

그 위를 나르는 고운 손이
파르르 떨리면
뭉뚝한 몸에서 애틋한 소리가 튀어나온다

한마디 말도 붙일 수 없을
메마른 나무둥치에서
그리 애절한 가락이 쏟아질 줄이야

그 누구의 애간장을 녹이려고
온몸을 비틀어가며
콧소리에 애교를 떨어대는지

고개는 끄덕끄덕
손은 제멋대로
발은 저절로 움직이며

\>
그 교태에 냉정히
뿌리치지 못하고
애틋한 장단에 한 몸이 되어간다

질주

시간의 흐름은 잡을 길 없고
순간순간 지나치는 일상들이
쏜살같이 달려간다
몸은 시간을 먹고 쇠퇴해지고
육신은 생각처럼 움직여 주지 않네

모든 것은 물 흐르듯 지나가는데
이 몸은 무디어진 칼날 되어 성치 못하고
마음은 예나 지금이나
젊은 날에 머물러 있는데
몸은 어이해 따라가 주질 못하는가

야속한 세월 훌쩍 가버린 시간 속
피우지 못한 꿈은
가을 낙엽 되어 떨어지고
쇠해진 몸은
한겨울 마른나무가 되었네

\>
몸은 늙어 가는데
마음은 청춘의 날에 그대로일까
몸 따라 맘도 따라가 주면 좋으련만
맘은 아직 청춘의 날에서
보란 듯 질주를 하고 있다

눈꽃

하늘하늘 흰 꽃잎들이 나선을 그리며
울긋불긋 단풍잎 위로 내리 앉는다
붉은 잎 위로 순백의 눈꽃이 쌓이면
마른 낙엽은 눈꽃 눈물을 머금고
목울대를 짓누르고
소리 죽여 울음을 참아내며
기다림의 힘겨운 시간을 견디어내고
질곡의 삶 위로하듯
붉은 단풍이 속살을 드러내고
뜨거운 태양 앞에 서면
퇴색의 검붉은 빛이 훈장을 드리우고
고통 속 침묵의
마침표를 찍어내고 있다

책

커다란 빌딩 속에
세상 사는 이야기가 들어있다
수많은 인격들의 삶
끌리듯 들어간 깊은 샘 속에
피어나는 사연
희로애락 구겨진 아픔도 함께하고
여린 마음으로 책갈피에 스민 추억
행운의 네잎클로버
가을 햇살에 붉은 단풍
노오란 은행잎
끼워있는 책갈피 사이로
케케묵은 먼지 속에
세월 먹은 담갈색 추억이
살포시 고개 내밀면

그 시절
그날의 감성으로 뜨거워지는 가슴

낙엽·2

가을이어서
가을이라서
쓸쓸함이 묻어나고

상처 입은 꽃들이
등 떠밀리듯
바람 속을 걷고 있다

그토록 바라고 바랐던 열망
순간에 멈춰버린 그리움
불꽃처럼 서늘하게 스러지고

역류하듯 토해낸 각혈
영혼을 위로하며
가을 햇살 위에 붉게 번지고 있다

작업

세상을 살아가면서
소소한 일상을 적어내는 일기장처럼
차곡차곡 쌓인
조각품을 해체시키기엔
얼마나 많은 고통의 살점을
뜯어내야 할까

심장에 박혀있는
지워지지 않는 흉터를
도려내기 위한
뼈를 깎는 작업을
생이 다 하는 날까지
쉼 없이 난도질을 해야 하는

분노조절장애

발전이라는 고속화 속에
밥상에 마주앉을 시간도 사라진
가족이라는 끈,
끈끈하게 이어져 왔던 시절이
그립고 또 그리운 세상이다

핵가족 시대
일인 가구 시대가 되어간다

삼대 사대가 함께 살던 시절
할아버지 할머니,
아버지 어머니께 듣던
밥상머리 교육이 사라져 버린 현실

참고 인내하며
상대를 생각하던 배려는 간 곳 없고

\>
작은 일에도 울분 참지 못해
버럭하는 행동 분노조절장애
어찌 이리 되었을꼬
모두가 이 세상 어른들의 잘못이다

이명

깊은 가을밤
고요 속으로 전자제품들은
잠을 자지 못하고
소리 내며 일을 하고 있다

모든 것이 정지된 시간
육신을 움직이던
한낮의 처절한 삶이
수면으로 가라앉는 밤

지나온 시간과 펼쳐질 시간이
머릿속에 그림으로 떠오르고
몸은 고된 일과 후
휴식을 만끽하는 시간

진동으로 몰려오는 귓속의 울림
윙윙 위 윙
저림으로 저려오듯
잠 못 드는 밤의 원인 제공자

\>
울어대는 그 소리가
한여름 밤 모기의 비행인지
가늘게 들리는 이명
노쇠해지는 육신의 신음 소리

겨울 낙엽

내장산 서래봉 봉우리
세월에 각진 바위틈
풍파에 흩어지고 부서져
비탈진 산허리를 휘돌아
너덜경 된 바위의 편린이
사랑의 다리를 이루고 있다

원적암 가는 나그네 발길이
딸깍이며 부딪는 소리
흩어진 겨울 낙엽이
돌다리 위에 바스러져
힘없는 모습으로 떨고 있다

고요한 산 숲에 지저귀는 산새
노목은 휘어진 가지에
잎 푸른 겨우살이를 키우며
푸른 이끼 옷을 두껍게 입고
흘러가는 물의 노래 속으로
빈 가지 흔들며
푸르른 여름날을 기다리고 있다

제2부

봄바람이 사나운 건

숭어, 그 비릿한

― 김정임 제3시집 ―

가을·9

가을이
당신을 기다렸습니다.

아니
내가
가을을 기다렸습니다.

휑한 시린 가슴
사랑이 떠난 자리에 다시 올
가을 사랑

오색 물든 호숫가
가녀린 물결에 이는 파문처럼
가슴이 떨립니다

자작나무

희디흰 자작나무
마법에 걸린 풀 수 없는 신비로움이
순백의 줄기마다
억겁의 세계 속으로
묻어 둔 이야기를 풀어내듯
토해내는 비명들

흘리고 흘린 눈물이 비수가 되었을까

투명의 액체가 쌓이고 쌓여
순백의 결로結露 위로
두터운 장벽을 만들고
세상을 순결하게 만들어 보리라
거친 굽은 등걸 위로
한숨의 세월을 먹은 자작나무

흰 등걸에 뿌려진 검은 흔적들
삶의 고통을 분담하여
참아내며 쏟아진 피눈물
증발되며 남겨진 꿈들이

하늘 향해 뻗은 우듬지 끝에서
자작자작 피어나고 있다

섬·2

바다는 고요하고
물결은 빛났다

훤하게 펼쳐진 수평선 위로
둥실 뜬 섬

포세이돈의 눈물이
굳어진 땅

삼지창에 실린 힘
가장자리마다 톱날로 그려 놓은 그림

진정한 교육

우리 아이들에게 진정한 교육이란 무엇일까
아이들의 미래는 있는 걸까
진정 하고픈 것은 무엇일까

교육 또 교육, 그 교육들이
우리의 자녀에게 꼭 필요한 건지
세상 사람들에게 물어보고 싶다

온 국민이 허리띠를 졸라매고
자식들 교육에 멍들어가고
커가는 아이들은 제대로 된 자기 꿈을 꿀 수가 없다

직장을 잡기도 힘들고
결혼은 더더욱 생각하기 힘든 삶
어쩌다 우리 사는 나라가 이리되었을꼬

진정한 교육이 필요한 세상
살기 좋은 세상이 되는 지름길
새로운 교육정책이 꽃 피길 기대해 본다

감정

문득문득 나를 지배하는 것
거대하게 높은 산인지
크나큰 고목나무인지

바다 저 끝 지평선 너머
어느 지점에선가 소리쳐 부르는
떨리고 떨려오는 마음속 울부짖음
무엇으로도 설명할 수 없는
감정의 골짜기를 누르고 또 누른다

억누르고 또 억눌린
조각조각 부서진 파편
가시를 세워 후비고 또 후빈다

얼마를 더 아파해야 몽돌 되어
상처를 어루만져 줄까
아픔으로 잉태된 몸속 수액이
눈물이라는 이름을 쓰고
정화수 되어 흘러내린다

유리창엔 비

유리창에 뿌려진
수많은 빗방울들이
입을 모아 함성 지르는 젖은 날
세상의 모든 소리가
저음의 신음을 뱉어내고 있다

투명했던 넓은 창은
빗물 옷을 입고
불투명의 수채화로 바뀌어
회색의 풍경을 입었다

흐느끼는 먹구름의 하늘은
어두운 그늘 속으로
아픈 상처를 껴안고서
흐린 날의 서글픈 이야기를
하염없이 들려주고 있다

봄바람이 사나운 건

봄바람은 어찌 그리 변죽이 끓는지
질투와 시샘에 눈이 멀어 그렇다고
살얼음 핀 눈총을 받고
마른 추위 견디며 고대한 봄이다

전령의 말을 빌리자면
'겨울잠에 푹 빠진 오색빛 깨우려고
서두르다 그랬다'지 뭐야

깨워놓은 봄까치꽃, 광대나물꽃
생강꽃, 산수유꽃, 수선화까지
배가 고파 춘풍을 잘라먹었다네

겨우내 텅 빈속을 달래며
웅크린 몸속 흐르고 흘러
화들짝 깨우는 낮은 물소리
무거운 잠 떨치라는 시끄러운 쉰 소리로
엉겨 붙은 겨울을 쫓으려다 그만,

\>
심장을 붙들고 눈물 글썽이며
날카롭게 베인 상처가 쓰라려
순한 봄바람이 그리 사나워졌다나 봐

기다림·1

기다리고 기다린 장대비는
설렘의 마음에 비수를 꽂듯
도무지 내릴 기색이 없다

찌는 더위에 잠을 잊고
찜통 같은 밤을 지새우면
꿈인 듯 잠결에 부어지는 빗소리

가지 않을 것 같던 열기가
밤새 어디로 방황을 갔던가
죽을 것 같던 무더위 기가 꺾여
어깨를 축 늘어뜨렸다

시간 속 흐름에 순응하는 것을
여름의 높은 문턱 넘어온 선들바람
풀벌레 울음을 몰고 와
코끝에 가을 내음 물씬 풍긴다

갈증

무던히도 더운 날
하늘은 어찌 그리도 맑은가
구름 한 점 없는 허공이 얄밉기도 하다
여름이 이쯤은 더워야 한다고 했던가

스멀스멀 느껴지는 목마름
계절의 무더위와 함께
육신의 갈증이
거북 등처럼 갈라진 논바닥이다

흘러가는 시간을 더해
강한 볕에 메말라가는 세상
건조하게 갈라진 마음속
눈물도 말려버린 무더위 같아라

찰랑찰랑 물 논에서
활개 치는 생명들이 숨 고르며
치열하게 살아온 어린 날의 추억
촉촉한 그리움으로 떠오르는 날

증명

네거리 앞에서
빨간 등이 흔들리더니
황색 등이 꿈틀거린다

심장이 뛰는 황색 불빛이
몸 안에서 요동치며 흔들리다가
힘차던 박동이 멈추는 듯
전신이 저리며 울린다

언제 어느 날
멈춰질지 모르는
내 몸 안의 펌프질

살아있다는 증거들이
증명되는 맥박의 울림
느긋해진 마음에 줄을 당긴다

제3의 눈

스마트한 세상
인터넷을 통해 맛집을 검색
맛있는 점심 식사를 한다

세상이 사는 방법을 바꾸게 하고
가족은 한집에서 살 수 없는 시대
일인 가족의 환경이 되어가는 사회
따스한 정이 그리운 삶에
무표정한 얼굴들
맛있는 식사 후 무심히 고개 드니
누군가의 눈빛이 따라다닌다

기계적인 눈
감시 카메라가 일거수일투족을
감시하고 있다

웃는 얼굴 한 번
성난 얼굴을 또 한 번
앗! 이런
우린 불만 가득한 표정으로 살고 있구나

눈 오는 날·2

하늘에서 희디흰

꽃눈이 내려와
꽃눈이 내려와

세상의 흉허물을 모두 덮었네

찢어진 신발 한 짝

야야
그 신발 바꿔 신고 오지 그린냐
야야 한 짝 내뿌려라
발꼬락 나온다

거그서 더 안 찢어지니라고 다행이다 잉

긍께 참 다행이다

알탕갈탕 신고 가서 버리 뿌리야지

향수·2

문득 길을 걷다가
익숙한 향에 이끌려 두리번거린다

언제였던가
어느 날이었던가
어린 날에
투박한 아버지 손에서 쑤어지던 쇠죽 향

거친 풀을 베어다
작두질에 절단되어 무쇠솥에 안치고

고운 쌀겨와 쌀뜨물을 섞고는
아궁이에 왕겨나 솔방울을 넣고
풀무질로 솥뚜껑에
눈물이 날 때까지 불을 지폈다

여물통에 모락모락 김 오른 쇠죽을
퍼 담아 소를 먹였다

>
현대인들 건강한 몸
행복을 유지하는 풍족함으로
몸에 이로운 약용 식재료를 삶는다
향수 속 익숙한 향 품어내며

눈·4

세상의 아름다운 것들이
살포시 눈 모자를 쓰고 앉았다

순결한 흰빛으로 꽃 피워진 세상

내 마음속 붉은 불기둥마저
하얗게 하얗게 꽃피웠네

사랑으로 사랑으로 내려온 너

용수철

어떤 이야기를 하든
무슨 말을 하든지
그 사람의 목소리가
용수철처럼 억양이 올라가고
툴툴거리는 말투가 된다면
그에게 잘못하고 있는 거지
보이지 않는 벽을 쌓은 거지

잘못이 뭔지도
내가 한 행동에
상처가 된 줄 모르고
유유자적 살아가는데

모두가 나 중심의 세상
툴툴 콩닥콩닥
탱탱볼을 두들기는
그 사람은
얼굴이 울그락불그락
지옥을 왔다 갔다
아직도 말씨가 롤러코스터다

눈꽃·2

차가움이 동반한 상쾌한 바람
아침 창밖으로 드리운 풍경이
동공을 붙들고 놔주질 않는다

어젯밤
그들은 아름다운 호두까기 인형의
발레를 추었나 보다

나뭇가지마다
가녀린 팔을 들어 올리고
소복이 쏟아지는 흰 눈을 껴안았다

눈물 쏟아지던 밤
하얀 서릿발로 반짝이던
눈 꽃

파도·1

휘몰아치는 바람을 원동력 삼아
끝없이 밀려오는 파도
서로 계산된 이익을 위하여
수많은 백의종군들이 밀려왔다

긴 머리 풀어헤친 여인은
해변을 언덕 삼아
흔들린 머리칼 움켜쥐고 온몸 낮추어
문어발 빨판의 힘으로
붉은 산호초를 껴안고 버텼다

오 오
끝없이 시비를 걸어오는 파도
풀리지 않는 수학의 정석을 풀 듯
그가 보내는 숙제를 풀기란
결코 쉽지 않은 일

질투

세월을 먹으며 익어간다는 삶
세월이 가며 깨달아지는 삶이다

늙기 싫어 익어가지만
내 속에 있던 것들이
하나둘 들여다보이는 것

아니라고 아니라고 하고픈데
그냥 그것인 것을
실감하고야 말았다

아
그렇게 감추고 살았던 것이다
아니 마음속에 누르고 있었던 거다

상처

푸르른 산, 수풀 우거진 녹음
더위에 지쳐 늘어진 한숨에 빠질 즘
높아지는 하늘 아래서
분주한 삶을 살아내는 생명들

바람에 실려 오는 풀 내음
강한 허브향이
시선을 두리번거리게 한다

아! 향긋한 풀 향기
누군가의 제초작업으로
풀들이 누웠다

상처 난 잡풀이
마지막 힘을 다해
아우성치는 향 뱉어내며
각인된 후각에 흔적을 찍고 있다

제3부

숭어, 그 비릿한

숭어, 그 비릿한

― 김정임 제3시집 ―

이별 연습

12월의 마지막 주
수많은 인연들과 부대끼며
우리는 한 해와 이별을 맞이한다

희로애락에 빠졌던 시간들
미움과 부딪히는 순간까지도
살아있음에 감사를 느끼며

만남보다 이별이 더 많은 현실
오늘도 헤어지는 연습을 하며
태연하려 애써보지만

이별은 결코 쉬운 게 아니란 걸
무겁지 않게 서툴지 않게
돌아서는 연습에 몰두해 본다

오월 바람꽃

아침 창을 여니
비 개인 하늘
푸르른 나뭇잎이 빛난다

어젯밤 세찬 바람
비를 몰고 오더니
밤새 대청소를 했나 보다

노란 송홧가루 말끔히 씻기고
반짝반짝 부딪치는 초록 잎
넘실거리는 오월 바람꽃

운명

만남과 이별이
순간 찰나로 이뤄지는
늦은 밤 용산역

환하게 보이는 유리창 밖
아름다운 그녀가 앉아 있다

유리창 안에 우두커니 앉은 그 사람
창밖 투명한 거울로 비춰져

미러 위로 교차된
허상과 실상
그렇게 그렇게 만나질 운명

이유

무심히 앉아 있는
그의 얼굴을 바라보는 나
그렇지 저 모습은
내가 더 많이 바라보는걸

내 모습도 나보다
다른 사람들이 더 많이 바라보지

입꼬리를 살짝 올리고
부드럽게 미소를 지어

구겨진 마음을 펴듯
미소로 다림질하고
조금 더 아름답게
예쁘게 꾸미고 살아야 할 이유

하루

눈 뜬 아침 바쁜 하루
인생은 날마다 전쟁을 치른다

빗발치는 도로 위로 내달리고
쫓기듯 순간순간이 지나간다

여유란 저 하늘에 맞닿은
플라타너스 가지 끝, 우듬지에 뭉쳐두고
정보 홍수 속
월척을 낚고자 두리번거린다

가장 안전하게
좋은 고지를 정복하고파
치열하게 치르는 전투
하루하루가 생과 사의 갈림길

숭어, 그 비릿한

깔깔거리던 갈매기 물비늘의 갯내음
시끌시끌한 좌판의 웃음소리
바닷가를 가르는 자동차 소음

구겨진 포장지처럼
꼬깃꼬깃 접혀 밀려온 파도를 따라
만삭의 배들이
해산을 위한 신음을 내며 항구로 밀려든다

닻을 내린 갯마을 어귀
뒤뚱거리는 리어카가 촌로를 바삐 끌고
두리번거리며 뱃전으로 향한다

갑판 위로 널브러진 바다가
커다란 눈을 껌벅이며 퍼덕이고
좌판 옆 수족관에 뛰어든 숭어
매끈한 몸 흔들며 미끄러진다

〉
까만 눈동자 큰 입 삐죽이며
바다 내음 끌고 온 헛발질
끝없이 꿈꾸었던 뭍, 희망으로 부풀고

숭어가 고대했던 삶은 목숨을 담보했음을
허공에서 들썩이는 공허한 아가미
지친 지느러미에 감기지 않는 허망한 눈,
숨이 넘어가는 마지막 끈을 힘껏 당기고 있다

가을 담쟁이·1

가을 어느 날
붉디붉은 엽서 가득 쌓였다

콘크리트 벽면을 책장 삼아
얽히고설킨 사연들
차곡차곡 꽂아 두더니

봄여름 가득 채운 눈물 보따리
참고 참아 삼키고 삼켜
결국에는 빨갛게 봇물 터지고 말았다

저리 고운 빛깔 만들려고
얼마나 많은 고통 담금질했으랴

겨울·2

회색빛 겨울
씁쓸한 초콜릿을 입에 물고
달콤함의 젊은 날을 간절히 꿈꾸었다

텅 빈 겨울을 붙잡고
공간의 울림을 듣지 않으려
안간힘을 쓰던 처량함이 아니어도

겨울은 그냥 그렇게
충분히 외로운데

어떤 이별

새해가 밝았다
한 해의 시작과 함께
많은 사람들은 새로운 결심과 각오로
새 마음 새날을 맞이했다

어느 곳엘 가나
이젠 담배를 피우기에는
공간적 제한을 받을 수밖에 없다

구름과자를 간식으로 먹으며
주위에 눈총을 받는 애연가들
담배 연기 간수 잘하라는 핀잔에도
끊을 수 없는 유혹에 빠졌던 날들

이제는 제대로 끊어 보리라 다짐하며
이별 연습을 하는데
새날 새해엔 그 이별이 이루어질까

시절 연애

시간은
기다려주지 않고
사람도 세월 따라간다

젊은 날 풋풋했던 시절
가슴 설레던 홀 사랑도
아름답고 애틋했다

그 시절의 연애
아득한 추억 속
몽글몽글 사랑이 피어나던 시절

때가 있는 시절 연애
희끗희끗한 머리칼 위로
난반사되어 애절하게 젖어온다

오리나무

가지 많은 나무, 바람 잘 날 없다고
수많은 잔가지 드리우고
곧게 뻗어 나가지도 못해
이리저리 휘둘리며

뻗쳐진 가지마다
어설프게 휘어진 등에
누더기 옷 걸치고 섰다

거친 생을 살다 잘려진 상처 위로
주홍빛 붉은 피 토해내고
곁가지 아래로 늘어진 목주름
세월 먹은 지도를 만들었다

노랗게 물들인 오리나무
결실로 맺은 검은 열정이
생명을 넣듯 흰 천에 마법을 건다

두승산의 봄

비구름에
하늘 속으로 빨려 들어간
산등성이는 우윳빛 미소

세찬 바람은
질투의 눈빛처럼
봄을 시샘하고

겨우내 추위에 떨며
고통을 여읜 나무들은
생명수를 머금고

연둣빛 사랑의 연서 띄우듯
희망으로 앞다투어 피어나는
봄꽃들에 잔치

꽃눈

새봄,
꼼지락거리는 생명들 속에
묵은 몸 두툼한 등껍질 두르고
간지럼 타는 굽은 가지들

누런 잔디 불을 놓아
까맣게 태우고
높게 올라간 곁가지 치기로
서둘러 봄맞이 했다

땅속에서 비집고 나오는 새싹
물오른 가지에 핀 꽃 눈
봄바람 맞으며 부풀린 희망
반짝반짝 빛을 발하는 두근거림

설렘

봄이 오는 길목엔
한 번쯤
마음 설레도 좋다

보고 싶단 말조차
하지 못한 채
지나쳐 버린 사랑

그 사랑 그 감정으로
이 봄,
한 번 더 설레 보자

아직 가을

어디에선 폭설이 내려
몇 중 추돌사고에 무너진 하우스
많은 피해가 생겼다

우리 집 앞뜰엔 노랗게 변한 잔디
아직 떨구지 못한 단풍
노란 매실 나뭇잎
파란 하늘 위로 주홍 감 버티고 있다
반짝반짝 흔들리는 선홍빛 남천 열매
화사한 봄꽃을 피웠던 철쭉은
가을에 한 번 더 잎으로 피었다

마른 가지에 부챗살을 붙인 화살나무
무성한 푸른 잎 속
검붉은 낙엽을 보듬은 편백나무
검게 시든 도라지 씨방 꼬투리
말라버린 취꽃
붉은 꽃 흥건했던 석류나무
변하지 않은 늘 푸른 소나무 밑
쪼그려 앉은 학독

〉
가슴 시린 이야기가 많은
아직은 가을
보낼 수 없는 가을이다

단풍·2

야 예쁘다
너 어디서 왔니

엊그제만 해도
푸른 잎 총총
평안한 마음 넓혀준 너

오늘
빨갛게 빠알갛게
내 마음 뒤흔들고

바다에 사는 별

바다에도 별이 산다
햇볕 쨍쨍한 날에는
눈부신 별들이 수면 위로 날아오른다

흐린 날에는 졸린 별들이
숨죽인 비명을 지르며 울먹인다

하늘만이 아닌 천 길 바닷속에도
수많은 별들이 수줍은 이야기 담아내고

하늘의 별
그들이 흘린 눈물 속에
바닷속 별들이 길 찾아 바쁘게 흘러간다

홍시

파란 하늘에 매달린 홍시
주홍빛 투명한 붉은 감,
시린 허공에 꽃으로 피었다

초겨울 세찬 바람
감을 매단 채 마른 몸 흔들흔들
휘청이던 몸짓

봄부터 맞던 바람은 꽃을 떨구고
장맛비 지나던 푸르른 여름날
무더위 속에 몸을 키웠다

태풍에 부러진 가지로 가을을 견뎌
마음에 꽃물 들 듯
파란 감 얼굴 붉혔다

하늘의 뿌연 연서를 받고
설렘에 빨개진 붉은 볼
터질 듯한 무게를 달고

〉
달콤한 미소로 까치를 부르고
상처를 보듬은 가지 끝
하늘을 부둥켜안았다

물푸레나무

마른바람이 남녘에서
봄을 부채질하더니
잠자는 그들을 깨워 부산을 떨었다

누구의 손짓 눈짓이었던가
곱게곱게 피워낸 연서
결국 물푸레나무까지 바람을 넣었던 게지

자지러진 꽃잎들
허공으로 흩어진 후
물푸레나무 꽃잎이 찢긴 듯

흘러내린 눈물인지
촉촉이 젖은
연초록 환호 속을 너울대고 있구나

국화꽃

초겨울
무성했던 잡초들이
된서리에 주저앉아 있다

시커먼 표피 부여잡고
생을 더해보리라 움켜잡은 삶

뾰족이 올라온 국화 꽃잎
서리에 숨 죽고도
그 빛깔 여전히 빛나고

가을바람에 말려진 눈물로
워석거리는 꽃잎이
지나간 계절을 붙들고 있다

제4부

장미의 나날

숭어, 그 비릿한

— 김정임 제3시집 —

가을 낙엽

그가 울었다

소리 없이 울던 그가
가을바람을 만나

갈바람 마른 목소리로
나를 불러 세우고는

갈라진 붉은 울음을 토해내고 있다

소쩍새 우는 밤

검은 밤이 무서워
울어 댔던가
훌쩍이며 울어대는
훌쩍훌쩍 훌쩍

솥이 작아 배가 고파
울어 대는가
소쩍소쩍 소쩍

저리 울다 보면
누군가는 귀 기울여 들어주리라

구슬픈 소리가 허공을 구르고
어둠의 떨림마저 흔들리도록

소쩍새 외침이 하도 슬퍼서
마음속까지 젖어오는 떨림

그 누구의 감성에 불을 지피나

봄봄

노오란 산수유
만개한 매화
개나리 노란 꽃 무리

백목련 꽃봉오리 가지째 흔들리고
수줍은 수선화 기다랗게 올린 꽃대궁
눈 비비고 피어나는 생명들

봄봄, 봄봄 한다

로키산맥 빙하

높은 산봉우리를 휘감은 흰 눈이
끊임없이 이어진 산
로 키 산 맥

키 큰 나무들이 시야를 막고
빼곡한 산 숲은 자연의 조화로움으로
물 흐르는 길목을 만들어
에메랄드빛 술렁인다

팔십 미터가 넘는 빙산
녹아내리며 갈라질 때
천둥소리로 울고

설상 차량 길목 사이로
죽지 못해 사는 나무들
키 작은 모습으로 앉아있다

몇천 년을 살고도
여전히 낮은 모습으로
내면으로 다독이며 산 세월이다

\>
빙하와 맞추며 산 시간만큼
몽돌처럼 굳어진 몸
어떤 악기로 태어나
로키산맥 빙하 이야기를 들려줄까

겨울나무

그들의 심장을 보았는가
실오라기 하나 걸치지 않은
부끄럼 없는 삶

움켜쥔 욕심 내려놓고
겹겹이 매달린 버리지 못한 기대감
윙윙 울어대는 바람 속으로 놓아 버렸다

발가벗은 몸으로 외쳤던 파열음
심장 녹이며 붙들었던 끈끈함
맨몸으로 수많은 언어를 쏟아내어도

듣는 이 하나 없는
허허벌판에 쓸쓸히 서서
견디어야 할 겨울나무의 몫

찬바람 너울지며 살점을 흔들어도
놓지 못할 의무를 다해 보리라
허공에 흩어지는 꿈을 보듬었다

봄비 · 4

봄을 잉태한 늦겨울
황사에 시달린 시간
기다림에 봄은 오고 꽃도 피었다

황폐해진 마음에
자꾸만 계절의 윤곽이 흐려지고
파란 하늘이 희뿌연 먼지로 지쳐가는 날들이다

어둡고 위태로운 환경이
생명을 옥죄어 오듯
들숨 날숨이 자유롭지 못하다

거친 황사를 잠재우기 위함인가
따스한 바람이 불어오더니
반가운 봄비가 내린다

늦가을

산자락에 신이 그어 놓은 그라데이션
선연한 색감에 흘러든 물빛
눈이 호강하고 마음은 고적하다

골짜기마다 쏟아 놓은 활엽의 수다
나무가 흘려 놓은 선혈
색채 온도는 높아간다

겨울을 준비하는 나무가
붉은 몸매 부르르 떨며
톡톡 붉어진 살결 흔들린다

날 선 바람 사납게 불어와
갈라진 표피에 인장을 새기듯
마른 계절을 포장하고 있다

초록으로 피다

추위가 가시지 않은 이른 봄
꽃망울이 망울망울
봄을 몰아왔다

봄인가 했더니 여름날처럼
덥고도 더운 날씨가
꽃잎에 눈총을 주었나

꽃들이 흩어지고
눈송이로 날리더니

흔적을 지우려는 듯
꽃 진 자리마다 상처 난 곳곳에
생명의 연둣빛 꽃

눈부신 아름다움이
빛을 발하며
초록으로 피다

봄·2

출산의 고통과 아픔이
새 생명 탄생의 기쁨이라면
봄은 그 기쁨의 순간이다

겨우내 묶여 있던 생명들이
다투며 움트는 봄
꽃들은 들숨과 날숨으로 부풀고
고유의 색으로 빛난다

메마른 겨울 끝에서
솟아오른 봄기운에
피워낸 꽃들이 향기 머금고

밝은 미소에
힘겨운 시름 날려 보내라며
웃음꽃 흘리며 유혹하는 봄이다

눈물·4

갑자기 젖어 온 눈

울컥하며 가슴을 짓누르고
올라오는 감정과 함께
쏟아지려 하는 건 무얼까

수없이 마음에 저울질하며
놓아 버리고 싶은 것

내 육신에서
비릿한 잉여의 산물들이
그렇게 떨어져 나가고 있었다

빈집

봄꽃이 화려하게 수놓은 날
텅 빈 낡은 집엔
애달픈 기다림만 묻어난다

고향 집 빈자리는
어머니 아버지의 한없는 기다림
애틋한 추억만 남아있다

사람은 가고 없어도
매화, 산수유, 수선화
옹기종기 모여 꽃피우고

수군수군 도란도란
왁자지껄 북적이던 고샅길
적막과 고요 속 무겁게 가라앉은 마을

기억이 꼬물꼬물한 헌 집
부모님을 대신해 묵묵히 추억 속
그 누굴 기다리고 있는가

장미의 나날

고고하게 목을 늘인 꽃 몽우리
가녀린 꽃향기 행복한 나날이다
탐스러운 꽃송이 눈을 흘렸다
달콤한 시간 선물처럼 지냈다

바쁘게 살다 보니
아름답고 향기로움은 퇴색되었다
불변의 영원함은 없는 세상이다
꽃잎 대신 뾰족한 가시가 눈 흘겼다

화려한 꽃잎 속
가려진 날카로운 송곳
쪼그려 앉은 무릎 아프다며
투덜투덜 몸을 털었다

미물의 화려한 삶
살다 보면 꽃은 작아지고
예리한 가시 달린 철조망 되어
여린 가슴을 퍼렇게 파먹고 있다

변덕쟁이

먹구름이 비를 몰고 왔다
목마른 가뭄에 애타던 생명들
목을 적시고 해소된 갈증

그칠 줄 모르는 비는
하늘과 땅 사이를 채우고
햇빛의 공간을 점령했다

덥다 덥다 했던 시간은
훌쩍 비에 젖었다
많은 비가 온다며 싫증의 표현

인간이란 작은 환경에도
마음이 금세 바뀌는
만족할 줄 모르는 변덕쟁이다

떨림

잊었다 한들
삶이 멈춘 것도 아니고
생각이 없다 해도 지울 수 없다

마음속에 자리한 헛헛함이
삶의 한 가운데 표류하던 나날

기타 소리 울리며
흔들던 마음 언저리
아직 살아있다는 가녀린 떨림

추억·2

달집을 태우며
깡통에 불을 담아
옆 동네 아이들과 불 싸움을 하고

오곡밥을
집집마다 돌아가며
얻어다 놓고 나눠 먹던 기억

골목골목마다
무섭게 변장을 하고
달빛 아래서 귀신 놀이로 놀래주고

강강술래
동동, 동대문을 열어라
흥겨웠던 정월 대보름날 밤

들녘

짙푸른 녹음이 펼쳐진
칠월의 들판
논둑길에 개망초 꽃이
바람 따라 흔들리면

답畓 속에 벼 잎은 출렁이는
푸른 파도가 되고

바다를 꿈꾸며
일렁이는 물결은
고통의 흔적을
씻기고픈 마음에

온 들녘을 너울대며
웅얼웅얼 바람을 부르고 있다

살구꽃

봄이 오는 길목
나뭇가지에 사랑이 붉어지더니
화사하게 피어나는 살구꽃

폭죽이 터지듯 꽃 문이 열리고
'살구나무가 많으면 과부가 많다*'던
할머니의 말씀이 생각나는 봄

뽀얗게 미소 짓는 꽃잎 속에
아스라한 추억과 함께
안검이 흔들리며

세월은 속절없이 흐르고
가슴에 여린 분홍빛 사랑이
불을 지핀다

* 옛말

자동차

추운 겨울 아침
하얗게 서리 옷 입은
자동차에 시동을 건다

밤새 꽁꽁 언 몸
온풍에 가열 히터를 켜고
살살 달래며 엑셀을 밟는다

골골 골골
감기 걸린 엔진이
목쉰 소리를 낸다

애마에게 부드러운 음성으로
자 자
오늘도 신나게 달려보는 거다

꽃물

우와
가을 물드는 어느 날
생각지 못한 선물

내 마음속
감성 깨워주던 너

붉디붉은 꽃물
흔들리며 가슴에 스미던 울렁임

기다림·2

겨울 들판 황망한 대지 위에
말라버린 황혼빛
사선으로 기울고

살점을 떼어내며
가녀린 목 곧추세운
희디흰 억새꽃

긴 긴 기다림에
흔들리고 흔들리며
온몸을 떨고 있다

텅 빈 허허벌판
나긋나긋한 몸짓
꼭꼭 눌러 연서를 쓴다

《시집 평설》

회억의 의미 층위, 그 탐사의 프리즘[1]

상처에서 중요한 것은 흔적이다.
(From a wound, what matters is the scar.)
— **자크 라캉**(Jacques Lacan, 1902~1981) [2]

정휘립 (시인·문학평론가)

1. 글머리에

  미국 사회학자 **하워드 베커**(Howard Saul Becker, 1928~2023)의 '낙인이론'(labeling theory)은 상징적 상호작용론[3]의 전형으로서, 주변에 의한 1차 낙인이 자체적인 2차 낙인의 원인이 된다고 지적한다. 즉, '일탈'은 행위나 행위자의 내적 속성 탓에 생기는 단순한 사회적 병리 현상이 아니라,

---

1) 본고는 졸문 「천진한 설렘과 '천지불인天地不仁'의 자연」(《휘파람》창간호(2023), 136-137쪽)을 개정·증보한 글임.
2) **자크 라캉** 명언 명구 feat. Shallow_NAVER(*https://blog.naver.com ˃ PostView*) 2021. 10. 4.
3) 인간이 상호작용을 통하여 개인과 사회에 관한 의미를 어떻게 창출해 내는가에 관심을 두고 연구하는 이론.

사회의 주변 사람들이 그렇게 낙인을 찍어서 일어난다는 것이다.

낙인이란 노예나 죄수의 몸에, 소인(燒印, 불로 달군 인두, a branding iron)을 지져 찍어서 특정 표시를 영구적으로 남겨 놓은 상흔이다.[1] 사회학에서, 일단 범죄자로 찍히면 자신을 그렇게 인식하여 동종 범죄를 쉽사리 거듭 저지르는데, 이는 '남들'에 의한 낙인(烙印, stigma)이 '나'의 무의식 깊이 침투하여 스스로 낙인을 찍는 심리의 메커니즘 때문이다. 저도 모르는 사이에 '그런 사람'이 되는 것이며, 이를 숨기면 숨길수록 정신 속 낙인은 점점 뚜렷해진다.[2]

시인에게, 화인火印 즉 낙인烙印으로 기능하여 현재의 삶과 문학 행위에 대한 효력을 재생산해 내는 가장 큰 요소는 지난날의 회억, 그리고 특히 쓰라린 과거 경험이 형성한 겹겹 지층地層들이다. 시 짓기와 그 시적 언어에 집착하는 시인의 욕망, 그 치열한 무의식은 타자他者의 욕망에 의한 화인인가, 진짜 '나'의 욕망의 발현인가는 향후 치열한 과제로 남는다.

---

1) 이의 비유적 표현이 『성경』 디모데 전서 4:2에 언급된다. '[잘못된 길로 들어서는] 그런 일은 자기 양심에 화인(火印, 낙인) 맞아서 거짓말을 하는 자들의 위선 탓에 생겨난다.'
2) 이와 유사한 **골렘 효과**(Golem effect)는 누군가를 부정적인 관점으로 대하면 점점 더 그 부정적인 기대에 맞추어 성장하는 현상을 말한다. 이와 달리, 교사의 기대에 따라 학습자의 성적이 향상되는 경우처럼, 긍정적인 기대로 인한 긍정적인 성장은 **피그말리온 효과**(Pygmalion effect; 로젠탈 효과(Rosenthal effect); 교사 기대효과(Teacher expectancy effect))라고 한다. **플라시보**(Placebo effect, 위약 효과僞藥效果)-**노시보** 효과(Nocebo effect, 위독약 효과僞毒藥效果) 역시 낙인 이론과 연관된다.

2. 상처의 향기

무릇 인위人爲란 천위(天爲, 또는 무한자연)의 일시적인 반영이자 자취 또는 흔적이다. 인위적 사회와 천위적 자연을 포괄하는 세계는 삼라만상과 그것들에 대한 주체적 자아가 그 존재 모습들을 구현하는 공간이다.

그러나 세계 공간이란 스스로 만들어지지 않으며, 주체적 자아와 체결된 모종의 관계성을 통해서만 의미망을 형성한다. 세계는 우리의 상상력을 통해서 언어화되고 세계화하면서, 제모습을 드러낸다. 즉, 문학예술이 안팎으로 세계를 열어 내세운다. 이는 작품 속에 뭇 존재들이 등장할 수 있는 열린 공간의 무대 터를 장만해 준다는 뜻도 된다. 그래서 문학은 '작품으로 존재하면서 저 공간들을 실제화'한다.

> 아! **향긋한 풀 향기**
> 누군가의 제초작업으로
> 풀들이 누웠다
>
> **상처 난** 잡풀이
> 마지막 힘을 다해
> 아우성치는 **향** 뱉어내며
> 각인된 후각에 **흔적**을 찍고 있다
>
> ─ 「상처」 3-4연.
> *(이하 인용 시의 굵은 글자와 밑줄은 필자가)*

여기서, 화자는 녹음綠陰진 수풀의 생명력을 '허브향'(2연)으로 느낀다. 기실, 그 향기는 제초작업 탓에 생긴 풀냄새였다. 잘려서 '상처 난' 잡초들의 단발마가 그 후각에 '흔적'을 찍을 정도로 강렬하다.

> 1) **불길**로 치솟은 플라타너스 잎
>   데인 **상처**를 안고
>   위로의 빛인 양
>   퇴색된 진갈색 빛 띠 두르고 앉아
>   하늘을 거울삼아 비추어진
>   자화상의 그림자로 흩어지고 있네
>   —「플라타너스」끝 연.
>
> 2) 심장에 박혀있는
>   지워지지 않는 **흉터**를
>   도려내기 위한
>   뼈를 깎는 작업을
>   생이 다 하는 날까지
>   쉼 없이 난도질을 해야 하는
>   —「작업」끝 연.
>
> 3) 흰 등걸에 뿌려진 검은 **흔적**들
>   삶의 고통을 분담하여
>   참아내며 쏟아진 피눈물
>   증발되며 남겨진 꿈들이
>   하늘 향해 뻗은 우듬지 끝에서
>   자작자작 피어나고 있다
>   —「자작나무」끝 연.

그 연장선상에서, 천위계에 대한 인위계의 간섭 결과와 관련하여, 1)은 모종의 '불길'로 데인 플라타너스의 상처가, 2)는 '흉터' 제거를 위한 '뼈를 깎는 듯한' 자아 수련이, 3)은 '검은 흔적'으로 표상된 '삶의 고통'을 극복하고 피어나는 자작나무의 생명 의지가 각각 주제로 다뤄진다. 생의 질곡을 거치면서 겪어온 내·외면의 상처들에 관한 그 시적 과정에는 따개비처럼 달라붙는 울분의 파편들이 산탄처럼 박혀있으며 아픔의 농축제가 촉촉이 배어난다.

찬란한 빛깔의 다음 서정시는 시인이 바깥세상을 향해 현상하려는 정신적 상처의 인화지라 하겠다.

> **파란** 하늘에 매달린 **홍시**
> **주홍빛** 투명한 **붉은** 감,
> 시린 허공에 **꽃**으로 피었다
>
> **초겨울** 세찬 바람
> 감을 매단 채 마른 몸 흔들흔들
> 휘청이던 몸짓
>
> **봄**부터 맞던 바람은 꽃을 떨구고
> 장맛비 지나던 푸르른 **여름날**
> 무더위 속에 몸을 키웠다
>
> 태풍에 부러진 가지로 **가을**을 견뎌
> 마음에 **꽃물들** 듯

파란 감 얼굴 붉혔다

하늘의 뿌연 연서를 받고
설렘에 빨개진 붉은 볼
터질 듯한 무게를 달고

달콤한 미소로 까치를 부르고
상처를 보듬은 가지 끝
하늘을 **부둥켜안았다**

―「홍시」 전문.

 거의 붉은색으로 잘 도배된 이 시는 담담하게 토로하는 시어 한마디 한마디마다 의미가 묵직하게 실려 있다. 시 한 편에 한 해에 걸친 시간적 전이를 담아내기란 용이한 일이 아니다. 바로 그 모진 생애를 얼개로 삼아, '홍시'는 우여곡절도 많은 고해의 여정 끝에서 마침내 한 해의 '상처'를 보듬으며 '하늘을 부둥켜' 안음으로써, 관용과 포용의 경지로 격상된다. 가만가만히 읊조리는 독백조 음색이 최소한의 생이 드러내는 그 본질과 승부함으로써, 작품 이미지의 밀도를 높인 것이 또 하나의 장점이다.

 아무래도 인위의 운명적 굴레를 벗어날 수 없는 시작詩作 행위의 건조建造 작업이란, 특히 시적 사고와 현실의 동일시가 힘겨울 때, 그러한 불가능성의 인식으로써 흔히 절망을 산출하곤 한다. 그리고 그 의미 깊은 좌절의 끝에서 자폐적 사고는 거듭 재생산된다.

3. 천지불인天地不仁의 자연과 천진한 설렘

　김정임 시인의 시는 현실과 삶이 자연과의 긴밀한 관계에서 안개처럼 스며 나온다. 고달픈 삶의 연속성 속에서 문득 어떤 '이름'에 생기가 소환된다.

> 접힌 폐지로 시들하게 말라가던 시절
> 잊으려 애쓰지 않아도
> 막연하게 잊고 지낸 **낯선 그 이름**
>
> 부르고 또 불릴 때마다
> 진흙 속 피워지는 연꽃처럼
> 우아하게 피어나는 **설렘**
> 　　　　　　―「마음에 파문이 일다」3-4연.

　'그 이름'은 고단한 일상의 타성에 젖어 있던 화자에게 신생 줄기세포처럼 까마득히 기능을 상실했던 과거 회로망을 재생하며, 시 감각의 뉴런을 생성한다.

> 바쁘게 살다 보니
> 아름답고 향기로움은 퇴색되었다
> 불변의 영원함은 없는 세상이다
> 꽃잎 대신 뾰족한 가시가 눈 흘겼다
>
> 　… (중략) …

> 미물의 화려한 삶
> 살다 보면 꽃은 작아지고
> 예리한 가시 달린 철조망 되어
> 여린 가슴을 퍼렇게 파먹고 있다
> ─「장미의 나날」 2, 4연.

 아름다운 장미의 '탐스러운 꽃송이'(1연)의 이면에 담긴 천지 자연의 '스스로 그러함[自然]', 즉 가시와 그로 인한 고충과 파멸을 다루는 이 시에서 그 모든 것이 자연의 섭리임을 굳이 부정하려 들지 않는다. 즉, 숙명에 대하여 매우 수긍적이랄 수 있다.

> 겨우내 텅 빈속을 달래며
> 웅크린 몸속 흐르고 흘러
> 화들짝 깨우는 낮은 물소리
> **무거운 잠 떨치라는 시끄러운 쉰 소리로**
> **엉겨 붙은 겨울을 쫓으려다 그만,**
>
> 심장을 붙들고 눈물 글썽이며
> 날카롭게 베인 **상처**가 쓰라려
> 순한 봄바람이 그리 사나워졌다나 봐
> ─「봄바람이 사나운 건」 4-5연.

 위 시는 일견 봄의 변덕을 나무라는 척하면서 실제로는 그 봄만이 지닌 생성生成의 힘을 칭송한다. 오만 방정을 떠는 듯한 봄의 부산스러움 덕분에, 모든 화초들이 그 '춘풍을 잘라먹'고(3연) 각양각색의 오색찬란한 꽃들을 피운다. 가히

'살얼음 핀 눈총을 받고/ 마른 추위 견디며 고대'(1연) 할 만한 보람이 있다. '사나운' 봄바람으로 인한 '상처'는 신생을 위해 감수해야 할 통과의례의 고충에 불과하다. 그 모든 현상이 자연의 이법理法인 것이다.

랴오쯔[老子]의 『도덕경』 5장에서 '천지불인天地不仁 이만물위추구以萬物爲芻狗'라, 즉 '천지는 어질지 않으니 마치 삼라만상을 짚 뭉치 개[犬] 인형을 대하듯 한다'고 했거늘, 자연은 어질지 않게도, 무심히 그리하여 초연히, 제 할 일만을 해간다. 시인으로서 이러한 이치를 어찌 외면하랴.

김정임 시인은 시를 통해 나름의 자연동화 내지는 물아일체적 지향의 삶을 추구한다. 그에게 있어서, 시적 주체의 자아와 대상적 타자의 융화를 도모할 수 있게 추진하는 그 동력원은 다름 아닌 지난날을 향한 추억과 그리움의 강력한 자기장이라 하겠다.

그에게 '상처'와 그 '흔적'[傷痕]이란 더 나은 성숙을 위한 성장통이며, 그것이 곧 자연의 '천지불인'이다. 일상 사물에 투영된 여성적 자의식의 단면을 드러내는 연결부와 연합 반응에 있어서, 그의 새로운 시간들은 낡은 것들을 뽑아낸다. 즉 신생 줄기세포가 회로망을 생성하며 기능을 상실한 시적 감각을 재생한다. 이렇게 시인들이라면 응당 지속적인 깊은 사유를 통해, 비활성화된 시적 뉴런의 잠재력을 미분함으로써, 자신들의 시에서 분자적 자극을 받은 새 뉴런의 생성이 산출되도록 시도해야 할 터이다.

4. 불구적 정서와 그 극복 의지

김정임 시인은 자연을 희구하면서도 그 자연에 얼른 다가서지 못하는 현대인의 정서적 불구성을 극복하려 함과 동시에, 다스한 정감으로 자연과의 동질화를 모색한다. 그 자연에는 그의 과거지사가 포함된다.

>깔깔거리던 갈매기 물비늘의 갯내음
>시끌시끌한 좌판의 웃음소리
>바닷가를 가르는 자동차 소음
>
>**구겨진** 포장지처럼
>**꼬깃꼬깃** 접혀 밀려온 파도를 따라
>만삭의 배들이
>해산을 위한 **신음을 내며** 항구로 밀려든다
>
>닻을 내린 갯마을 어귀
>**뒤뚱거리는 리어카가 촌로를 바삐 끌고**
>**두리번거리며 뱃전으로 향한다**
>
>갑판 위로 널브러진 바다가
>커다란 눈을 껌벅이며 퍼덕이고
>좌판 옆 수족관에 뛰어든 숭어
>매끈한 몸매를 흔들며 미끄러진다
>
>까만 눈동자 큰 입을 삐죽이며

> 바다 내음을 끌고 온 헛발질
> 끝없이 꿈꾸었던 뭍, 희망으로 부풀고
>
> 숭어가 고대했던 삶은 목숨을 담보했음을
> **허공**에서 들썩이는 **공허한** 아가미
> 지친 지느러미에 **감기지 않는 허망한** 눈,
> 숨이 넘어가는 마지막 끈을 **힘껏 당기고 있다**
> ―「숭어, 그 비릿한」 2-3연.

 굵은 표기들이 시사하듯이, 시적 안목에 포착된 포구는 온전한 형국이 아니다. 그 불구적 포구의 삶은 '숭어'의 동작과 중층重層을 이룬다. 바다에서 잡혀 온 숭어는 수족관에 투입되면서도 '뭍'을 향한 허망한 기대와 희망을 저버리지 않는다. 그런데도, '허공'·'공허'·'허망한' 등 일련의 어휘들이 지향하는 생의 무상함과 무력감은 마지막 문구의 '힘껏 당기고 있다'에서 돌연 그 극복을 위한 단발마의 강렬한 몸부림으로 전환된다.

 또한 3연에서, 주체와 객체를 환치시켜서 '리어카'가 '촌로'를 끌고 간다고 의인화함으로써, 촌로의 무딘 행동과 그 행동거지에 담긴 서두름이 한결 선명해진다. 이러한 사유의 전환은 전형적인 생소화(生疎化, 러: остранение, 영: Defamiliarization)[3] 기법에 해당하는데, 그로써 시인은 큰 효

---

[3] 친숙해져 자동화된 일상 사물이나 인습적 관념을 낯설게 하여 새 느낌을 창출함으로써 싱싱한 지각을 확보하기 위한 예술적 표현 기법. 러시아의 형식주의 문학 이론가인 **빅토르 시클롭스키**(Viktor Shklovsky,

과를 거두었다.

  이 시는, 담담한 시어마다 실린 무게를 타전하여 전하는 음어(陰語, 통신 내용을 비닉(祕匿, 아무도 모르게 감춤)할 목적으로 사용하는 문자·숫자·기호 등의 활자표)처럼, 해독하지 않고서는 가늠할 길이 없는 서러움과 절망의 세계를 투사한다. 그 일면 서러움의 이면에는 삶의 무상함에 대한 깊은 통찰이 담겨 있다.

  마치 인간이기를 포기하고 인형이 되기를 선택한 것처럼, 그래서 익숙한 인간의 몸이 가진 또 다른 지평을 극한까지 탐색하기로 작정이나 한 양, 시인은 생의 종언에 이르러 혼신의 힘을 다해 상징적 지면에서 자신을 지워내며 시작 행위에 몰입한다. 이 마지막 단발마의 기력에서, 불구적 상황을 극복하려는 의지가 굵은 핏발처럼 엿보인다.

  상처나 상흔이 전혀 언급되지 않지만, 이 시 역시 역경을 통한 생명력의 성장통을 다룬다고 하겠다.

  1893~1984)가 선언문 「말의 부활」(The Resurrection of the Word, 1924)에서 예술의 중심 개념으로 주장하였다. 평소 잘 알려진 지각의 세계를 거부하고 새로운 감각을 부여하여 사물을 생소하게 함으로써, 새로운 형식을 창조하고 세계에 대한 참신한 감각과 경험을 회복하는 데 예술의 목적이 있다고 그는 보았다. 이 '이상하게 만들기'(make strange)는 정신작용의 경제성보다는 정신의 습관적 태도에 충격을 주기 위한 것이다. 물론 이 효과는 영구적이지 않다. 낯설어서 예술적인 것은 시간이 지남에 따라 낯설지 않은 비예술적인 것으로 뻔해지기 때문인데, 이를 전경화前景化되었던 언어가 자동화自動化된 상태라고 일컫는다.

5. 끝머리: 그리움의 자기장磁氣場

전통 서정시의 문법에 충실한 **김정임** 시인이 자연물을 통해 주체와 타자의 결합 내지는 융합을 도모하는 동기는 곧 향수 어린 지난날에 대한 그리움이다.

우리말의 동사 **그리다**[화畵]가 **그리워하다**[모慕] 및 글[文]과 어떻게 상관되는지 다시 한번 짚어보자.

향가「모죽지랑가慕竹旨郎歌」의 제1행 '去隱春皆林米(간 봄 그리미)'에 언급된 '그리미'의 기본형 동사는 **그립다**이다. 여기에서 형용사 **그립다**와 명사 **그리움**이 파생되었으므로, '그리움'의 어원적 의미는 '마음속에 그림처럼 떠오르는 것'[4]이며, 따라서 '그리다[畵]'는 연모하는 대상을 상상하여 그리워하는 마음과 연관이 된다.

또한, 12세기 초 고려 때의『계림유사鷄林類事』313번째 항목을 보면, '화왈걸림畵曰乞林' 즉 '화는 기림[ki-rim]이다'라 하였다. 이는 그림과 글[文]은 '긁다'[긁을 소搔; 깎을 괄刮]에 어원을 둔 동사 **그리다**에서 나왔음을 알려준다. **그리다**는 선사시대 벽화를 그릴 때 쇠붙이로 벽면을 긁어 파는 행위와 상관있다. **그림**은 **그리다**의 어간 '그리-'에 명사형 어미 '-ㅁ'이 붙은 꼴이며, **글**은 어근 '그리~글' 자체로 명사를 이룬 말이다.

---

[4] 다 알다시피, 어떤 대상이나 사물을 보고 마음에 그림처럼 받는 인상을 **이미지**(Image), 즉 심상心象이라고 한다.

이렇게 **그리움**에서 글까지, 그 모든 말의 동일 어원은 **그리다**이다.[5] 모든 **그리움**은 글이나 **그림**으로 표출되면서 그 어원의 본의를 온전히 재생산해왔다.[6]

흥미롭게도, **하이데거**(Martin Heidegger, 1889~1976)는 독일어 **생각하다**(Denken)와 **감사하다**(Danken)의 어원이 서로 연관된다고 보았다. 생각[思]은 흔히 사랑과 연루된다. 가령, 상사병(相思病, 연인을 몹시 그리워하여 생기는 사랑병)이나 사미인곡(思美人曲, 아름다운 이를 생각하고 그리워하며 부르는 노래) 같은 어휘가 이를 잘 나타낸다.

'사랑'과 긴밀히 연루된 '생각·이미지·그림·그리움' 등의 개념은 상상력(imagination)의 커다란 원 안에서 여러 작은 동심원들을 그려내며 교차시킨다. 무릇 상상력이란 부재의 대상을 표상해내는 능력으로서, 때로는 맹목적이면서도 마음의 필수 불가결한 기능 작용이 아닐 수 없다. 다시 말하면, 사랑을 향한 생각은 곧 상상력으로 파급되면서, 어떤 표상(表象, 독: Vorstellung)의 재현(再現, representation)을 시로든 또는 음악이나 미술로든 산출하기 마련이다.

특히나 시문학에 있어서 상상력의 직능적 중요성을 아무리 강조해도 지나치지 않다. 상상력에 관한 규명들이 많지만, 가장 단순하면서도 널리 회자되는 구분과 정의는 독일 철학자 **칸트**(Immanuel Kant, 1724~1804)의 것이다. 그는 상

---

5) **백문식**, 『우리말 어원사전』, 76-77쪽.
6) 졸저 『시대의 회복 시대의 극복』(북매니저, 2020), 252쪽.

상력을 재생적 상상력과 창조적 상상력으로 대별하면서, 전자는 이미 경험한 바를 그대로 떠올리는 것이며, 후자는 심상들을 조합하여 현실에 없거나 경험하지 못한 바를 생성해내는 것이라고 보았다. 상상력은 흔히 인간의 의지나 선택과 무관하게 움직이며 이성의 지침을 벗어나 있는데, 이러한 그 속성을 '상상력의 맹목성'이라고 불렀다.[7]

변화하는 세상을 이끄는 힘은 곧 '새로운 생각'이다. 『손자孫子』「시계始計」편에서는 '공기무비攻其無備 출기불의出其不意'란 공격법을 제시하는데, 이는 '그 방비 없는 곳을 공격하고, 전혀 뜻하지 않은 때에 출격한다'는 뜻으로, 상대의 허를 찔러 남이 미처 생각하지 못하는 독창적인 행동을 해야 함을 강조한다. 이 말뜻은 예술의 창작 정신을 정곡으로 지적하는데, 색다른 시를 얻기 위한 시인들의 문학적 탐색은 더 큰 동력원을 요한다.

김정임 시인처럼 우리는 앞으로도 더 잃을 것도 없는 사람처럼 시를 써나가야겠다. 시를 대충 쓰고도 사는 데 지장 없다고 여기는 자들의 시 작품 따위하고는 차원이 영 달라야 한다. 우리는 시로써 독자와 늘 신경전을 벌여야 할 운명적 존재인 것이다.(#)

---

7)**하이데거**는 인간의 인식을 크게 '직관'과 '개념'으로 대별하고, 바로 상상력이 그 둘을 한데 묶는다고 보았다.